1 MONTH OF
FREE
READING

at

www.ForgottenBooks.com

By purchasing this book you are eligible for one month membership to ForgottenBooks.com, giving you unlimited access to our entire collection of over 700,000 titles via our web site and mobile apps.

To claim your free month visit: www.forgottenbooks.com/free410470

ISBN 978-0-266-63584-0
PIBN 10410470

Al ilustre escritor mexicano

mo. Sr. D. Joaquín de Casasús

con la admiración y el
afecto de su devoto,

F. VILLAESPESA

d, Abril de 1909

El jardín de las Quimeras

Mi lírico jardín es tan lozano,
y es tan fértil su eterna primavera
que no da tregua á la labor mi mano
ni descansa jamás la podadera.

Envidia de sus propios detractores,
porque en su cerca florecida encierra
todas las frutas y todas la flores
que producen los cielos y la tierra.

Más de un ladrón, en las noches serenas
por sus rústicos muros trepa astuto,
ávido de su lírico tesoro,

para castrar la miel de mis colmenas,
y henchir sus cestas con el rico fruto
de mis frondosos árboles de oro.

Tu nombre es un perfume diluído
en las suntuosidades de esa vida
que soñó mi ilusión y no he vivido.
Evoca pompas, y á soñar convida

con palacios de mármoles triunfantes,
perfumes de incensarios y canciones,
túnicas consteladas de diamantes
y tronos custodiados por leones.

Tu mirada sutil es como un dardo
que hiere el alma de melancolía...
Surges danzando, y en la danza tienes

esa lasciva palidez del nardo
que muere perfumando en su agonía
la lujuria oriental de los harenes,

En el centro de un círculo sonoro
de vítores, erótica sonríes,
mientras repican crótalos de oro
tus dedos enjoyados de rubíes.

Teje lúbricas danzas tu ligera
planta sobre el damasco de la alfombra,
y proyecta la negra cabellera
sobre tus hombros un temblor de sombra.

Tus negros ojos el placer irisa
sobre tus vivas palideces y entre
la diabólica flor de tu sonrisa,

en un fugaz y ardiente parpadeo,
mientras crispan el bronce de tu vientre
todos los simulacros del Deseo.

Al son de las nubelias, tu pie breve
al borde de la túnica blanquea,
mientras como sutil lirio de nieve
tu talle cimbreador se balancea.

En un gesto de amor, como soñando,
tu mano un nardo del escote arranca,
y te paras de súbito, temblando,
como una inmensa mariposa blanca.

Desfallecen de amor los burcelines;
humo de incienso tu pureza aroma,
y entre un deshojamiento de jazmines,

el blancor de tu velo es una nube
en donde á veces, sonriente asoma
tu rubia cabecita de querube.

Entre un temblor de gasas y de tules
trazan tus pies inconcebibles giros,
mientras deshojan cálices azules
tus dedos enjoyados de zafiros.

Alguna boca inmaterial te besa,
hasta dejar exangüe tu hermosura,
y en la espiral de un sueño de turquesa
se esfuma el claro azul de tu figura.

Bajo tus plantas rápidas é inquietas
deshójanse guirnaldas de violetas;
y á través de los giros de tu velo

fulguran tus pupilas visionarias,
igual que dos estrellas solitarias
en un pedazo del azul del cielo.

Bajo una transparencia de esmeralda
la flor de tu belleza se adivina,
y tus flotantes rizos enguirnalda
un húmedo verdor de alga marina.

Tienes danzando así, la luminosa
paz de los verdes bosques seculares,
y la atracción ambigua y misteriosa
de las profundas aguas de los mares.

Seca el laúd su llanto; la viola
se queda en un suspiro extenuada;
fulge tu velo como mar serena,

y entre el temblor verdoso de una ola
aparece de algas coronada,
tu lúbrica cabeza de sirena.

Entre un fasto de púrpuras triunfales
agitas en la danza tus caireles,
los cabellos ornados de corales
y las manos colmadas de claveles.

Entre jardines de corales vaga
tu cuerpo en contracciones de serpiente,
y cual rojo crepúsculo naufraga
en un profundo mar de sangre hirviente.

Lanzan tus ojos trágicos destellos;
y entre las llamas lúbrica sonríes,
mientras en tu sutil mano de artista,

prendida de los ásperos cabellos
se desangra en un llanto de rubíes
la truncada cabeza del Bautista.

Sobre un tapiz de rosas amarillas,
el áureo ensueno de tu velo arde,
mientras, temblando de caricias, brillas
vestida con los oros de la tarde.

Tienes esas fugaces transparencias
de una nube opalina que el sol dora
y bajo las solares refulgencias
en un suspiro de ámbar se evapora.

Y con un gesto de pudor, soltando
por la espalda el cabello de sol lleno,
te detienes inmóvil, ocultando

con la mano el más íntimo tesoro,
y con la diestra reteniendo el seno,
como una Venus cincelada en oro.

Bajo un polvo fugaz de oros extintos
aparece tu imagen imprevista,
ornada de violetas y jacintos
y ceñida de un velo de amatista.

Tus manos, al danzar, esparcen lilas,
y al lascivo temblor de tus caderas
se entornan temerosas tus pupilas
en un morado círculo de ojeras.

Én las volubles líneas de la danza,
bajo la luz que en tus ojeras arde
al son del sistro tu silueta avanza,

y se borra después, como entrevista
entre el oro humeante de la tarde
á través de una copa de amatista.

Con un brazo hacia el suelo y otro en alto,
doblada en grácil arco la cintura,
surges, vívida estatua de basalto,
sobre un trágico fondo de negrura.

Rudo estertor agita tus hechizos
cuando al danzar la obscuridad alegras,
y en el aire retuércense tus rizos
como manojos de serpientes negras.

Tu danza es como un vértigo: marea...
Son tan raudos tus pies que no parecen
tocar los terciopelos de la alfombra.

Y en la noche sin fin que te rodea
tan sólo tus pupilas resplandecen
cual dos chispas de fósforo en la sombra.

II

El poema del desierto

A Goy de Silva

Iba muerto de sed. La tarde huía
en su corcel de fuego hacia el Poniente
cuando te oí cantar. Tu voz tenía
un trémulo frescor de agua corriente.

Desgrénada palmera proyectaba
la sombra azul de sus encajes sobre
el brocal donde, lenta, se llenaba
de agua y de luz el ánfora de cobre.

En tus crespos cabellos fenecía
la ilusión del crepúsculo escarlata
en un temblor agónico y cobarde,

y en el fondo del pozo se veía
brillar como una lagrima de plata
el lírico lucero de la tarde.

—Calma la ardiente sed que me sofoca—
te dije arrodillado y balbuciente...
Y acercando tu ánfora á mi boca
me diste de beber patriarcalmente.

Y te fuíste... En tus rizos se extinguía
la última llamarada del Poniente...
Cantabas al partir.   Tu voz tenía
un lejano frescor de agua corriente.

Y no te he vuelto á ver... ¿En qué camino
ofrecerás tu agua al peregrino?
De mi labio febril la sed saciaste;

mas ahora, ¿en el brocal de qué cisterna
conseguiré saciar esta ansia eterna
que en el fondo del alma me dejaste?

En la paz del desierto solitario
bajo la asfixia y el dolor me pierdo,
sin más amigo que mi dromedario
y sin otra ilusión que tu recuerdo.

¡Cuántas veces, la sed del labio ardiente
sació una virgen bajo alguna palma;
mas no apagó la sed que por ti siente
la eterna calentura de mi alma!

El eco de tu voz suena en mi oído
mucho más dulce cuanto más perdido...
Y lento y melancólico me pierdo

en la paz del desierto solitario,
sin más amigo que mi dromedario
y sin otra ilusión que tu recuerdo.

III

El poema del opio

A Ricardo Baeza

Mientras sobre moriscos almohadones
se inclina fatigada la cabeza,
amengua el corazón sus pulsaciones
y enerva nuestros miembros la pereza.

Respira libremente, en una rara
levedad la materia adormecida
cual si un ser invisible nos quitara
de los hombros el peso de la vida.

Me envuelven las azules espirales
de mi pipa en volutas irreales
como serpientes á un rumor despiertas

y adormecen mi alma con sus giros
clavando en mis pupilas entreabiertas
sus hipnóticos ojos de zafiros.

Se disipa en el humo el alma entera,
sólo una vaga angustia nos domina...
Torpe la mano desgarrar quisiera
la telarana azul de la neblina.

De un sueno vagaroso y polvoriento
nos despierta un rumor raudo y sonoro,
como el ligero aletear del viento
entre un rosal de cálices de oro.

Una nube de humo lenta avanza,
flotando á impulsos de fragante brisa,
y arqueando los brazos en la danza,

entre las nieblas de su cabellera
me ofrece la granada de su risa
el bronce humano de una bayadera.

La cabellera destrenzada ondea
sobre el rítmico bronce estremecido,
y el loto que en sus manos azulea
deja en el aire un vago olor á olvido.

Tejen vertiginosos sus pies frágiles
simulacros de lúbrica armonía,
mientras resbala por sus miembros ágiles
un trémulo fulgor de pedrería.

El oro de su risa me arrebata,
y en mi carne despiértase la fiera.
Ahogo en un beso su reir sonoro,

y ante mis ojos que el placer dilata
fosforecen sus ojos de pantera
constelados de ráfagas de oro.

Motivos griegos

A Hamlet-Gómez

Bajo la clara luz de la manana,
en el bloque más puro del Pentélico,
á pleno sol, cincelaré tu bélico
perfil de cinegética Diana,

entre coros de ninfas y jaurías
de feroces mastines... La blancura
del mármol ha de dar á tu hermosura
la eternidad augusta de los días.

Y en el desnudo plinto, como ofrenda
grabará mi cincel esta leyenda:
—¡Salve, Divinidad serena y fuerte

que al arco del Amor no se ha rendido!
Besó los ojos de Endymión dormido,
y fué su beso el beso de la Muerte.

Tendido el arco para herir, desciendes
del monte, entre ladridos de jauría,
y una argentada claridad de día
en las tinieblas de la noche enciendes.

¡Ay, mísero del fauno que asombrado
te mire, entre las ramas en acecho!
Certero el dardo se hundirá en su pecho
y será por tus perros devorado.

Llenas de pasmo mirarán las ninfas,
al surgir con la aurora de las linfas,
su cuerpo, en la maleza, sanguinante...

Y llenarán de gritos la manana...
¡Ay, del ojo mortal que ve un instante
la nocturna belleza de Diana!

Sin otro manto que el de tus cabellos
ante el asombro de los Dioses mudos .
muestras tus miembros blancos y desnudos
que son castos á fuerza de ser bellos.

Del mar en las azules extensiones
el alba rosa de tu carne asomas,
entre un blanco revuelo de palomas
y un argentino coro de tritones.

El caracol marino te saluda,
y ante tu gracia cándida y desnuda
la playa floreció para esperarte...

Y al fuego virginal de tu mirada
bajo el áurea coraza tembló Marte
y de sus manos se cayó la espada.

Sobre el tazón de mármol de la fuente
se destaca el blancor de tu silueta
entre la verde ramazón luciente
de los olmos que ensombran la glorieta.

El sol modela tus turgencias blancas.
En arco el torso y la rodilla fina,
con el pulgar y el índice te arrancas
del marmóreo talón aguda espina.

Entre los bordes de la herida abierta
sangra un hilo de agua luminosa
que anima el sueno de la fuente muerta,

tan fugaz cual la queja dolorida
de una ninfa que huyendo presurosa
de pronto en el talón se siente herida.

Tranquilo y transparente como un lago
Sócrates va á morir por justo y bueno.
Dió á los hombres su amor, y ellos en pago
le dieron su rencor y su veneno.

La turba de discípulos implora
en torno del Maestro condenado,
mientras Critón, el predilecto, llora
á sus yertas rodillas abrazado.

Pisando de la vida los extremos
aun á Critón su labio sonreía...
—¡No olvides que á Esculapio le debemos

un gallo!—suspiró la voz ahogada,
y crispóse su mano de alegría
acariciando la cabeza amada.

Platón con sus discípulos pasea
bajo los verdes plátanos. Su acento
vierte el consuelo de una nueva idea,
y para oirle se detiene el viento.

Se oyen tranquilas resbalar las fuentes,
lanza un ave en un mirto alegres quejas,
y en torno de rosales florecientes
zumban, ebrias de mieles, las abejas.

Y después de un silencio sobrehumano,
en un gesto de siembra abre la mano...
Junto á una vieja estátua se detiene...

Su voz resuena... Y con callado vuelo
una paloma hasta sus labios viene
para llevarse su palabra al cielo.

Visiones místicas

A Balbino Dávalos

—Al verlo de la cruz desenclavado
desangrándose rígido en el suelo,
por el pálido rostro amoratado
extendí la blancura de mi velo.

Y en el lino quedó fija la huella
de su faz lacrimosa y sanguinante.
Cada gota de sangre era una estrella,
cada gota de llanto era un diamante.

Así la Magdalena clamó al cielo,
y una lluvia de lágrimas corría
por la faz de la santa visionaria.

Y con su llanto al fecundar el suelo,
de cada lenta lágrima surgía
el cáliz de una triste pasionaria.

Dulcificando el áspero paisaje
como un sueño de pàz y de descanso,
refulge la verdura del ramaje
en el fúlgido espejo de un remanso.

Bajo copudos álamos blanquea
la geórgica silueta del molino...
Una rubia gallina cacarea
escarbando la tierra del camino.

A la sombra de fértiles ribazos
lava la molinera, con los brazos
desnudos dentro de la linfa fría.

Y sonriente canta mientras lava,
como cantaba la Virgen María
cuando las ropas de Jesús lavaba.

Evocando leyendas del Calvario,
la sangre de la cruz y las espinas,
regresan al alero solitario
para anidar en él, las golondrinas.

Obscurece el verdor de los caminos
el temblor de sus sombras pasajeras,
y esparce la frescura de sus trinos
un olor de recientes primaveras.

Se detienen temblando en los parrales,
trinan y vuelan, y al volar dardean
de oro el azul profundo de los cielos.

Y á través del verdor de los rosales
los ninos, fugitivos, manotean ˰
persiguiendo la sombra de sus vuelos.

Visiones románticas

A Jesús Castellanos.

Por los muertos canales de mi Vida
con tus ojos enfermos de turquesa,
pasabas en tu góndola florida
como convaleciente Dogaresa.

Blonda de sol tu palidez latina,
con tu mano enjoyada de zafiros
arrancando á la vieja mandolina
músicas vaporosas cual suspiros.

Y á sus compases cuatro negros mudos,
como cuatro románticos dolores,
con sus brazos potentes y desnudos

empujaban la góndola que era
bajo un sudario de fragantes flores
como el sepulcro de la Primavera.

Sobre las rosas de tu desconsuelo
corrieron palideces de agonía,
mientras algo en tus ojos y en el cielo
como un vago crepúsculo moría.

Besaba la marmórea escalinata
la onda con un temblor de algo que muere,
y en la tarde fugaz la serenata
era un ronco dolor de miserere.

Desgarrando sus velos de cautivas
á la gótica flor de las ojivas,
se asomaron mis suenos para verte

sobre un florido tálamo dormida,
cruzar como el fantasma de la Muerte
por los muertos canales de mi Vida.

Cual rosas de diamantes, en tu caja
sus más puras estrellas clavó el cielo,
y te prestó la noche su mortaja
de obscuro y silencioso terciopelo.

Y con sus dedos finos y sedeuos,
cuando pasaste bajo mis balcones,
sobre ti deshojaron mis ensueños
sus más blancas guirnaldas de canciones;

mientras curvados los remeros mudos,
con sus brazos potentes y desnudos
empujaban la góndola de flores

hacia el misterio del canal más alto,
como cuatro románticos dolores
que un nocturno cincel talló en basalto.

¡Oh, juventud perdida, tú eres esa
visión que de la tarde á los fulgores
cruza como una joven Dogaresa
muerta sobre una góndola de flores!

Por los muertos canales de mi invierno
aun te miro pasar y oigo tu canto
como un recuerdo inmemorial y eterno
que se esfuma en las nieblas de mi llanto.

Cuatro negros dolores te acompanan;
las estrellas románticas se bañan
para verte en las ondas de zafiro,

y el viento de la noche alza una nota
temblorosa y fugaz como un suspiro
al agitar tu mandolina rota.

Para tu vanidad de golondrina
que ama la aristocracia de las gemas,
á compás de mi vieja mandolina
compuse estos románticos poemas.

Para velar á tu pudor rendido
y desnudo al Amor, la frágil pluma
estos velos de ensueños ha tejido
con el vellón más blanco de la espuma.

Como adoras lo inútil y lo leve
de la esperanza y del amor, te envío
estos versos tan frágiles, cual una

guirnalda de amplios cálices de nieve
colmados hasta el borde de rocío
y atados con un rayo de la luna.

El caballo andaluz

A Miguel de Unamuno

Curvado el cuello y la cerviz erguida,
larga la cola y con la crin rizada;
ancho de pechos, y la estremecida
cabeza temblorosa y descarnada.

Vivaz la oreja y la nariz violenta;
ojos con vaguedades de crepúsculos,
y tan fina la piel que transparenta
la nerviosa impaciencia de los músculos.

Lejos de la yeguada, en la maleza,
en un largo relincho estremecido,
fluctuante la crin, galopa solo...

Digno por su arrogancia y su belleza
de tener alas para ser uncido
en la cuadriga del divino Apolo.

Sintiendo el desgarrón del acicate,
bajo un trueno de bélicos clarines
lanzóse relinchando en el combate,
sueltas al viento las revueltas crines.

Y entre un chocar de gritos y armaduras,
en el pánico horror de las derrotas,
bajo los clavos de sus herraduras
crujieron piernas y cabezas rotas.

La luz del primer astro vertió como
un resplandor de plata sobre el lomo
todo de sangre y de sudor cubierto...

Con un relincho saludó á la sombra,
lamiendo el rostro de su dueno muerto
tendido en cruz sobre la verde alfombra.

Pasó trotando bajo los balcones
en un áureo crepúsculo de Otoño,
agitando en el trote los borlones
de su bermeja manta de madroño.

Sintió su fina grupa en la carrera
bajo la obscura noche, acariciada
por las sedas de alguna cabellera
al amor de las brisas destrenzada.

Y evocó melancólico en la huída
toda su triste juventud perdida...
Galopar entre jaras y carrascos,

y saltar sobre vírgenes potrancas,
manchando con el barro de sus cascos
el vivo terciopelo de las ancas.

Pasó su ancianidad trágica y larga
con los cascos hundidos en el barro,
arrastrando, ya exánime, la carga
de algún pesado y rechinante carro,

bajo el sol y por las noches obscuras
á traves de caminos polvorientos,
lleno de lacras y de mataduras
y entre trallazos y entre juramentos.

Para luego, una tarde del estío,
enflaquecido y con un ojo vendado,
bajo fiestas de púrpura y de oro,

del circo en el inmenso vocerío,
expirar tembloroso y desangrado
entre las negras astas de algún toro.

A un poeta

A Julio Raul Mendilaharsu

Poeta, el tumulto de tu vida acalma,
y escucha en confidencias religiosas
lo que dicen las cosas de tu alma
y lo que el alma piensa de las cosas.

Y aprenderás las significaciones
y los vocablos mágicos y activos,
con que los inmortales Pigmaliones
transformaron la piedra en seres vivos.

Ahonda tu mirada hasta en el lodo:
para el que sabe ver, existe en todo
lo que vive y alienta, la Belleza...

Ajusta las palabras al sentido;
y rima tu sentir con el latido
del corazón de la Naturaleza.

Ante la tentación de los sentidos
que siempre el alma permanezca fuerte...
¡Que no tiemble tu carne á los ladridos
de los negros molosos de la Muerte!

Sin escuchar el lacrimoso bando,
sondando con tu vista el horizonte,
pasa como don Juan, jovial, cantando,
el Leteo, en la barca de Caronte.

Tendiendo al cielo el arco de tu idea,
mata el águila herida, que no pene.
¡Que caiga con el pecho atravesado!

¡Ten firme el pulso, y que tu mano sea
tan hábil y tan fuerte que refrene
el ímpetu del gran caballo alado!

Liberta de su buitre á Prometeo;
sobre la desnudez tiende tu manto,
y esfuma las violencias del deseo
en el ritmo sereno de tu canto.

Ahuyenta los fantasmas de la duda,
corona de jacintos tu cabeza...
Muestra sin velos tu Verdad: desnuda
es más sacra y más pura la Belleza.

Despierta en tu interior la **Fe** dormida,
esa ciega inmortal que Dioses crea;
y con su imágen y tu instinto sólo

ennoblece el ensueno de **tu** vida,
para que el sueno de tu vida sea
digno del canto y el laurel de Apolo.

Alma mística

A Federico Uhrbach

Vivir igual que un santo cenobita
en áspero cubil como una fiera,
sin más compana que una cruz bendita,
un cuenco de agua y una calavera.

Llamar al lobo y al cordero hermanos,
y sentir tal carino por las cosas
que jamás se atreviesen nuestras manos
ni á deshojar la nieve de las rosas.

Un arcángel, desnuda la ígnea espada,
al dintel de la cueva velaría
para espantar de Lucifer el vuelo...

Y entre el húmedo azul de la alborada
un cuervo entre su pico bajaría
mi alimento diario desde el cielo.

Tener la fe heroica y la grandeza
de los patricios que á Jesús seguían.
Olvidaban su rango y repartían
entre pobres y enfermos su riqueza.

Y con sus blancos dedos que aún guardaban
señales de sortijas de diamantes
lavaban los ancianos y curaban
las llagas y el dolor más repugnantes.

Y luego, en sobrehumano desafío,
deshojaban sus castas primaveras
del circo entre el inmenso vocerío,

palpitantes de amor y de esperanzas,
bajo las rudas zarpas de las fieras
entonando á Jesús sus alabanzas.

Ser igual que esos místicos varones
que enterrando sus sueños terrenales
—instintos, apetitos y pasiones—
en la parda prisión de sus sayales,

caminan, ebrios de un divino anhelo,
los claros ojos en la altura fijos,
á conquistar la tierra para el cielo
sin otras armas que sus crucifijos.

Y entre salvajes mueren ultrajados,
sobre un árbol en flor crucificados,
sudando sangre hasta por los cabellos

—rojos frutos de místicas cosechas,—
y rogando al Señor aun por aquellos
que acribillan su cuerpo con sus flechas.

Ser un prior alegre y vivaracho,
confesor de infanzonas abadesas,
y traducir los cuentos de Boccacio
á los oídos de mis feligresas.

De día orando y por la noche amando;
hacer un Paraíso de mi escilio,
y podar mis rosales recitando
exámetros latinos de Virgilio.

Amar joven la carne y viejo el vino;
dormirme junto al órgano en el coro,
y, libre de miserias y pesares,

expirar sobre un viejo pergamino
miniando las mayúsculas de oro
del divino *Cantar de los Cantares*.

Ser párroco de gentes muy felices,
y en el atrio, á las luces de la tarde,
mostrar con altivez mis cicatrices
por nuestro rey don Carlos que Dios guarde.

Pasar la noche al tute, discutiendo
si es válida ó no válida una baza,
ó junto al fuego del hogar, mintiendo
episodios y lances de la caza.

Tener para el dolor una sonrisa,
y dar al mal y á la amargura plazos;
y mientras la manana centellea,

para ir á oficiar la primer misa
desprenderme entre besos de los brazos
de la moza más bella de la aldea.

Alma española

A Rufino Blanco Fombona

Bajo los soportales de esta plaza
—ha tres siglos—hubiera paseado
con la altivez hidalga de mi raza
mis fanfarronerías de soldado.

Chambergo con cintillo de esmeralda,
levantando la capa la tizona;
la melena flotante por la espalda
y los mostachos á la borgonona.

De mi patria y mi Dios noble cruzado.
tomar una galera ó un castillo,
y haber dado que hablar mucho á la Fama.

Y caer con el pecho atravesado
á la medrosa luz de un farolillo
bajo las celosías de mi dama.

Tener un nombre que sonase á hierro:
don César, don Rodrigo, ó don Fernando,
y un escudero dócil como un perro
que fuese mis hazanas relatando.

Ser héroe de nocturnas ~~cuchilladas~~ *estreadas*,
capitán de los tercios más temidos;
ensueño de doncellas y casadas
y desvelo de padres y maridos.

Pasar, después, las horas silenciosas
entregado á las prácticas piadosas,
y al llegar de la Muerte á los confines

legar al primogénito mi espada
herrumbrosa de orín y algo mellada
de degollar herejes y muslines.

Entre aventuras y entre desafíos
atravesar de Italia las regiones,
en el puno y el alma muchos bríos
y la escarcela llena de doblones.

Gastar sin tasa y derrochar con lujo,
y matar más franceses en Pavía
que mujeres itálicas sedujo
mi espanola y galante bizarría.

Y jugar, en nocturno campamento,
sobre un tambor, mientras recorre el viento
el alerta tenaz del centinela,

á la luz de una hoguera ensangrentada,
el último doblón de la escarcela
y hasta el puno de oro de mi espada.

Desde Italia, tras épicos trabajos,
llegar altivo de mi tercio al frente,
á una ciudad de los Países Bajos,
suelta la ensena y á tambor batiente.

Cruzar las landas con el agua al cuello
bajo los fuegos de los arcabuces,
y pasar viejos burgos á degüello
entre un tumulto de sangrientas luces.

Y conducir herejes á la hoguera,
y mientras se retuercen en la llama
y el pavor de las turbas se apodera,

á hurtadillas dejar algún sonoro
beso en los frescos labios de una dama
de pupilas de azul y bucles de oro.

Lanzarme al mar sobre veloz galera
tripulada por viejos lobos, llenos
de amor de Dios, cuyo renombre fuera
terror de ingleses y de sarracenos.

Y sobre un mar de hirviente pedrería
abordar, á la luz de la manana,
entre el estruendo de la artillería
de los turcos la nave capitana.

Hundir mi hacha en el primer turbante;
y en tanto que quedase un tripulante
herir sin treguas y matar con sana.

Y entre el sangriento estruendo del asalto,
izar al sol sobre el mástil más alto
la cruz de Cristo y el pendón de España.

Desplegadas las velas luminosas
entre las pompas de oriental boato,
arribar á las playas fabulosas
de algún nuevo y remoto virreinato.

Y enloquecido por la sed del oro,
achicharrar del ídolo ante el ara
los pies descalzos de un cacique, para
descubrir el lugar de su tesoro.

Y abandonar las islas tan lejanas
con la cabeza ya llena de canas;
y arribar á las costas espanolas

en la puente de rápida galera
tan cargada de oro que trajera
la escotilla rasando con las olas.

Avivar con mis manos los tizones
del hogar, y á mis hijos, en mi tierra,
entre pausas de asma y de oraciones,
narrar lances de amor, fortuna y guerra.

Tirso mis aventuras rimaría,
y en el fondo espectral de su locura,
con la mano en el pecho, el Greco habría
copiado la altivez de mi figura.

Todas las tardes á la iglesia iría,
para ahogar mis pecados en la eterna
católica piedad que á Cristo loa,

y ya noche á mi casa tornaría,
arrastrando el reuma de mi pierna
igual que el buen don Lope Figueroa.

Y ya, casi al final de la existencia,
hacer de todo afán renunciamiento
y para oir la voz de la conciencia
encerrarme en la celda de un convento.

Esperar sin dolor la hora postrera
sin que nada á la vida nos despierte,
entre las tibias y la calavera
que nos hablan de Dios y de la Muerte.

Y sin miedos, ya en paz con la conciencia,
abandonar la mísera existencia,
para entregar, tras angustiosa lucha,

el alma á Dios y el cuerpo á los gusanos,
calada sobre el rostro la capucha
y con un crucifijo entre las manos.

Para adornar tu palidez de luna
y ceñir tus cabellos ondulantes,
te ofrezco estos poemas como una
corona de oro ornada de diamantes.

Y sobre cada lírica faceta
para halagar tu juventud florida,
ha miniado el buril de tu poeta
las ansias más intensas de su vida.

Yo nací con tres siglos de retraso:
Amo el justillo y el jubón de raso,
el chambergo de plumas y la espada.

Y es el mayor pesar de mi agonía
vivir en este siglo sin poesía,
ciego de fe... más sin creer en nada.

Melancolias de otoño

A Santiago Rusiñol

Otono melancólico nos cita
á escuchar de la fuente el ritornelo.
Un rosal sobre un banco se marchita
y una nube deshójase en el cielo.

Crujen bajo los pies las secas hojas,
y los árboles son oro que arde,
entre las llamas trémulas y rojas
de la remota hoguera de la tarde.

Mi corazón presiente la amargura
de una pena recóndita y futura,
al escuchar los tristes ritornelos

de la fuente que tiembla entre neblinas,
mientras tus suenos huyen por los cielos
en una dispersión de golondrinas.

Las nubes al pasar, lentas arrojan
sombras sobre el verdor de las umbrías...
A las húmedas brisas se deshojan
los rosales de tus melancolías.

Entre el vapor de lágrimas del lago
agoniza la luz, como un suspiro,
y diluyen los cielos en un vago
verdor sus transparencias de zafiro.

Anhela el corazón algún reposo,
y nuestra boca, amarga de tristeza,
besar los labios de un recuerdo quiere...

¡Sentarnos en un banco muy musgoso,
é inclinar en las manos la cabeza,
para llorar por algo que se muere!

Mientras muere la tarde se oye al viento
entre las ramas lúgubres quejarse,
como el adiós desesperado y lento
de dos que no quisieran separarse.

La brisa en un suspiro se dilata...
La vida entera es un inmenso lloro...
Llora la tarde lágrimas de plata
y vierte el bosque lágrimas de oro.

Un húmedo dolor el parque llena...
Nos habla de la muerte una campana;
y á tus plantas marchítase un retono,

mientras, cenida al cuello de mi pena,
oigo gemir á tu tristeza, hermana
de este vago crepúsculo de otoño.

Rasgando el gris difuso de la lluvia,
su plegaria de azul al cielo eleva
tu despeinada cabecita rubia.
Llueve en tus ojos y en tu alma nieva.

Tu silueta beatífica destaca
su inmaterialidad fuera del mundo,
y hay en tu acento esa dulzura opaca
que idealiza la voz del moribundo.

Cuando triste sonríes en tu encierro,
de luto nuestro espíritu se viste
como para asistir á algún entierro,

y anhelos de rezar el labio siente,
pues tienes ese encanto dulce y triste
de lo que muere prematuramente.

Tu larga cabellera luminosa
que el sol espolvorea de reflejos
tiene la aristocracia prestigiosa
de los tisús y los damascos viejos.

Y tus manos que juntas palidecen
bajo la luna, ostentan el encanto
de esos lirios de nieve que florecen
entre el pulgar y el índice de un santo.

Tienes la altiva aristocracia de esas
orgullosas y pálidas princesas
que digno de su amor no encuentran nada,

y antes de profanar su casamiento
deshojan su belleza inmaculada
en las obscuras celdas de un convento.

Pasó por tus pupilas como un vuelo
de aves que emigran, y sentiste sola
bajo el fastidio fúlgido del cielo
la atracción fascinante de la ola.

El mar ante tus plantas parecía
llamarte con sus trémulos suspiros,
y á tu eterna tristeza le ofrecía
su lecho de corales y zafiros.

Cerraste al porvenir los ojos bellos,
y te lanzaste sobre la onda fría
que alzó en tu honor un cántico sonoro.

Y al flotar distendidos tus cabellos
semejaron un sol que se ponía
llenando el mar de círculos de oro.

Tu perfil se destaca sobre el fondo
de todas las tristezas de la vida
con la altivez hurana y dolorida
de los que piensan alto y sienten hondo.

Ya ni llorar tu corazón espera.
De tu llanto secáronse las fuentes,
y estás, mi amor, tan muerta que no sientes
caer sobre tus párpados la cera.

Tienen tus rubios rizos ese incierto
oro apagado del cabello muerto,
y tus pupilas la angustiosa calma

de una ventana gótica y vacía,
¡y es tu alma tan triste que podría
ser la hermana gemela de mi alma!

El poema de la juventud

A F E. Marinetti

Purpurando la sangre de su herida
el obscuro jubón de terciopelo,
mi ardiente juventud yace sin vida,
con los brazos abiertos sobre el suelo.

Rota la blanca pluma del sombrero,
desgarrado su manto de escarlata;
y junto al puno del quebrado acero
rota también la cítara de plata.

Al escuchar su grito lacinante
callóse el ruɪsenor entre la umbría,
y hasta la luna se ocultó temblando;

y á su lado, lamiéndole el semblante,
como un lebrel quedóse la Poesía
á los fantasmas de la Noche āullando.

Bajo un arco triunfal entró en la Vida,
entre risas, aplausos y canciones,
de una loca ambición el alma henchida
y la escarcela llena de doblones.

A su afán imposible no hubo nada;
durmió su amor en tálamos reales;
la mano pronta para la estocada
y el labio fácil á los madrigales.

En locas fiestas derrochó sus días:
tuvo encuentros; cayeron cien donceles
bajo el áureo fulgor de sus punales.

Y siempre en sus nocturnas correrías
ladrando le siguieron los lebreles
de los *Siete Pecados Capitales*.

En líricos y amantes ejercicios
educó á las futuras juventudes,
y no tuvo en la vida otras virtudes
que las virtudes de sus propios vicios.

Senda adelante caminó de prisa
sin temor á asechanzas ni á emboscadas.
Tomó castillos con una sonrisa
y conquistó sonrisas á estocadas.

Audaz y altiva atravesó la tierra
sonriendo al peligro y á la guerra;
mas siempre nobles sus audaces manos

supieron los prestigios del acero:
los cintarazos para los villanos
y la estocada para el caballero.

Desde sus miradores, más de una
Julieta, arrojó audaz á su deseo,
bajo el sueno de plata de la luna
la romántica escala de Romeo.

¡Y cuántas veces, sobre amante falda,
postrado de rodillas, con respeto
deshojaron sus manos la guirnalda
de las catorce rosas de un soneto!

Fué su vida de amor... ¡Cuántas doncellas,
al claustro ó al hogar arrebátadas,
á la pálida luz de las estrellas

ó á los trémulos rayos de la aurora
galoparon desnudas, desmayadas
sobre la grupa de su yegua mora!

Coronado de rosas y jazmines
entre el fasto oriental de tus ocaso₃,
apuraste en diabólicos festines
el vino del placer en sacros vasos.

En la noche encendió tu serenata
una divina fiebre de deseo,
y con tu viva cítara de plata
amansaste las fieras como Orfeo.

La visión de tu vida duró apenas
lo que dura un manojo de azucenas.
En traidora emboscada sucumbiste

embozado en tu larga capa grana,
la misma noche en que al espejo viste
entre tus rizos la primera cana.

FIN

ÍNDICE

ÍNDICE

—